UNIVERSITÉ DE FRANCE.

ACADÉMIE DE STRASBOURG.

THÈSE
POUR LA LICENCE,

PRÉSENTÉE

A LA FACULTÉ DE DROIT DE STRASBOURG

ET SOUTENUE PUBLIQUEMENT

le 20 août 1846, à l'heure de midi,

PAR

CHARLES-MARIE-LÉOPOLD COLLOMBIER,

de Chanteheux (Meurthe).

STRASBOURG,
Imprimerie HUDER, rue des Veaux, 27.

1846.

A LA MÉMOIRE

DE

MON PÈRE ET DE MA MÈRE.

C. M. L. COLLOMBIER.

A

Amitié. Dévouement.

C. M. L. COLLOMBIER.

FACULTÉ DE DROIT DE STRASBOURG.

PROFESSEURS.

MM. Rauter	doyen et professeur de procédure civile et de législation criminelle.
Bloechel	professeur de Droit civil français.
Hepp	professeur de Droit des gens.
Heimburger	professeur de Droit romain.
Thieriet	professeur de Droit commercial.
Aubry	professeur de Droit civil français.
Schützenberger	professeur de Droit administratif.
Rau	professeur de Droit civil français.

PROFESSEURS SUPPLÉANTS.

MM. Eschbach.
Destrais.

M. Pothier, secrétaire, agent comptable.

M. Heimburger, président de la thèse.

Examinateurs, MM. { Heimburger, Thieriet, Aubry, } professeurs.
Destrais, professeur suppléant.

La Faculté n'entend ni approuver ni désapprouver les opinions particulières au candidat.

JUS ROMANUM.

DE PŒNALI OBLIGATIONE.

PARS PRIMA.

Definitio, natura, finis obligationis pœnæ nomine et de ejus effectu circà obligationem pœnalem cui adjicitur.

Obligatio pœnalis ea definiri potest : quâ alter alteri, pœnæ atque ejus quod interest nomine dare aliquid vel præstare necesse habet, propter non impletam aut non ritè adimpletam conventionem. Exempli causâ : Si servum dari promiseris et si non dederis centum.

Secundaria et accessoria est hæc obligatio, quæ solùm principali adjecta existere potest; conditionalis et de incerto eventu pendet, actor tantùm eam exigere debet si prima obligatio non præstetur.

Pœna res est ad coercendum debitorem qui suâ culpâ non implet stipulata.

Hæc pœna aliquando in contractu apponitur propter damnum emergens vel lucrum cessans contrahenti ex dilatione solutionis vel violatione contractûs; aliquando, quoniam plerumque difficilis probatio est, quanti cujusque intersit, et ad exiguam summam deducitur. (L. 11, D. de stipul. præt.)

Cum nemo ad factum præcisè cogi potest, sed tantum ad id quod creditoris interest condemnari, si stipulemus aliquid fieri vel non fieri; in hujus modi stipulationibus, optimum erit pœnam subjicere, ne quantitas stipulationis in incerto sit, ac necesse sit actori probare quid ejus intersit. (§ 7, Inst. de verb. oblig.)

Alteri stipulari nemo potest, præterquam si servus domino, filius patri stipuletur; inventæ enim sunt stipulationes ad hoc, ut unusquisque acquirat sibi quod suâ interest. Si stipulatus sum Titio dari, nihil interest meâ. Planè si quis velit hoc facere, pœnam stipulari conveniet, ut nisi ità factum sit ut est comprehensum, committatur pœnæ stipulatio etiam ei cujus nihil interest. (§ 19, Inst. de inutil. stipul.)

Versâ vice, qui aliud facturum promisit, videtur in eâ esse causâ ut non teneatur, nisi pœnam ipse promisit. (§. 21, Inst. hoc tit.)

Pœna constituitur conventione contrahentium et non solum stipulatione, sed etiam pactis contractibus adjectis, ità ut hisce pœna promissa, efficaciter quoque debeatur et a promissore exigi possit. Si pœna promissa hujus modi nudo pacto, naturaliter quidem sed non civiliter et efficaciter debetur.

Ea quæ dari impossibilia sunt vel quæ in rerum naturâ non sunt, pro non adjectis habentur. (L. 69, D. de reg. jur.) Nunquam enim stipulatio quæ per se utilis esse potest, per aliam inutilem vitiatur : ideò, si stipulatus sum te sisti et nisi steteris, aliquid dari quod promittenti impossibile est; detractâ secundâ stipulatione, prior manet utilis; et perindè erit ac si te sisti solummodò stipulatus essem. (L. 97 et 126, § 3, D. de verb. oblig.)

Si promissum cui pœna addita nullum est et jure non valet, pœnalis conventio est nulla; cum enim causa principalis non consistit, nec ea quidem quæ sequuntur locum obtinent (L. 129, § 1. D. de reg. jur.) Ideò, si pœna accedat promissioni rei turpis, quia quemadmodùm non valet stipulatio rei impossibilis, ita nec valet stipulatio rei turpis vel sub conditione turpi (L. 69. D. de verb. oblig.)

Eâdem causâ, stipulatio contra bonos mores concepta, cum adjectione pœnæ, inutilis est, hoc modo : si heredem me non feceris centum spondes (L. 61. D. hoc. tit.)

Sic similiter, si contrahentes sponsalia de futuro, stipulentur pœnam quo casu matrimonium non sequatur; inutilis est pœnæ promissio (L. 134, D. hoc. tit.)

Pœnam pro usuris stipulari nemo supra modum usurarum licitum potest (L. 44, D. de usur et fruct.) Si pœna usuris legitimis major; in fraudem legitimarum usurarum addita censetur et ad modum usurarum debet reduci.

Pœnalis stipulatio non destruendi principalem obligationem sed confirmandi gratiâ inventa est. Omnis obligatio quæ ex intentione contrahentium principali obligationi addita est, adeò ut actor post moram debitoris solummodò pœnam exigere potest, non pœnalis est, sed obligatio principalis cujus quasi-novatio facta est. Si navem fieri stipulatus sum et si non feceris centum; videndum utrùm duæ stipulationes sint, pura et conditionalis et existens sequentis conditio non tollat priorem; an verò transferat in se et quasi-novatio prioris fiat? Quod magis verum est. (L. 44, § 6, D. de oblig. et act.)

Pœna stipulatur, ut supra vidimus, propter damnum emergens vel lucrum cessans contrahenti, ex dilatione solutionis; licitum est ergo actori, post moram, aut pœnam aut obligationem principalem petere: non utrumque simul, sed alterum tantum peti potest; ità tamen ut, qui pœnam consecutus est, rectè adhuc petat quod pluris suâ interest. Prædia mihi vendidisti et convenit ut aliquid facerem, quod si non fecissem, pœnam promisi : venditor, antequam pœnam ex stipulatu petat, ex vendito agere potest; si consecutus fuerit quantum pœnæ nomine stipulatus esset, agentem ex stipulatu doli mali exceptio summovebit. Si ex stipulatu pœnam consecutus fuerit, ipso jure ex vendito agere non poterit, nisi in id quod pluris ejus interfuerit. (L. 28, D. de act. empt. et vend.) Item, si quis a socio pœnam stipulatus sit, pro socio non aget, si tantumdem in pœnam sit quantum ejus interfuit. Quod si ex stipulatu eam consecutus sit, posteà pro socio agendo, hoc minùs accipiet, pœnâ ei in sortem imputatâ. (L. 41, 42, D. pro socio.) Etiam, si pacto subjecta sit pœnæ stipulatio, si quis contra fecerit; alter ex pacti exceptione aut ex stipulati actione agere potest; si tamen ex causâ pacti exceptione utatur æquum erit, accepto eum stipulationem ferre. (L. 10, § 1, D. de pact.)

Regulariter, obligationem principalem et pœnam simul non exigi posse videmus; attamen si pœna constituta est in casum dilatæ et retardatæ præstationis, ità ut, rato manente pacto, ipsa veniat præstanda; primum debitum et pœna, conditione ejus existente, debentur. Si quis fidem transactionis rupit, non exceptione tantùm summovebitur, sed et pœnam, quam si contra placita fecerit, rato manente pacto, stipulanti rectè promiserit, præstare cogetur. (L. 16, D. de transact.)

PARS SECUNDA.

§ 1. *Quando committantur stipulationes pœnales.*

Pœna non statim, initâ pœnali conventione, debetur, sed tunc demum deberi incipit et dies ejus cedit, si casus in quem promissa extiterit.

Stipulatio pœnalis aut interposita est ne aliquid fieret, aut ut aliquid fieret.

Primo casu, patet eam committi statim atque factum erit id propter quod ne fieret interposita est. Committitur autem, etiamsi quod factum est effectum non habuerit; scilicet cum hoc animo fuerunt contrahentes in stipulando, ut ne quidem factum illud tentaretur (L. 122, § 6, D. de verb. oblig.)

Altero casu quo stipulatio interposita est ut aliquid fieret vel ut aliquid daretur; aut dies apposita est intrà quam fieret aut daretur, aut non est apposita.

1° Pœna promissa in eum casum quo quid intrà certum diem non detur; si intrà hunc diem datum non fuerit; solo lapsu temporis committitur : nec deberi desinit etsi postea offeratur quod dandum erat. Sciat minimè se posse debitor ad evitandam pœnam adjicere, quod nullus eum admonuit; sed etiam circà ullam admonitionem eidem pœnæ pro stipulationis tenore fiet obnoxius : cum ea quæ promisit, ipse in memoriâ suâ servare non ab aliis sibi manifestari debeat poscere. (L. 12, C. de contrahend. et commit. stipul. ; L. 23, D. de oblig. et act.)

Pariter, pœna promissa in eum casum quo quid intrà certum tempus non fieret; Statim atque certum esse cœperit intrà hoc tempus id non fieri, licet nondùm elapso termino committitur; nec ex prorogatione termini posteà factâ deberi desinit. (L. 113, D. de verb. oblig.)

Observandum est, pœnam committi, ex eo solo quod intrà diem datum factumve non fuerît, quamvis nulla persona esset quæ in morâ fuisse intelligi possit : hinc Paulus : Ad diem sub pœnâ pecuniâ promissâ et ante diem mortuo promissore, committetur pœna, licet non sit hereditas ejus adita. (L. 77, D. eod. tit.)

2° Pœna promissa in eum casum quo quid non detur aut non fiat, nullo adjecto termino intrà quem dari fierive oporteat; ante litis contestationem non committitur. (L. 84 et 122, § 2., D. eod tit.)

Observandum autem : (a) Quod si per stipulatorem stetit quominùs fieret; pro facto habebitur; nec committetur pœna. (b) Mutuâ stipulatione pœnali interpositâ, quod si uterque pariter adversùs stipulata fecerit, neutri utiliter committitur pœna. Illi enim debet permitti pœnam petere qui in ipsam non incidit. (L. 154, § 1, D. de reg. jur.)

§ 2. *An et quando pro parte duntaxat committantur stipulationes pœnales.*

Mortuo promissore, si promissum a quibusdam heredibus sed non ab omnibus et in solidum impletum fuerit, convenit distinguere, an principalis obligatio individua aut dividua sit; nam in duobus casibus variæ sunt regulæ.

Si individua est principalis obligatio, exempli causâ : si quis promiserit iter fieri, et si prohibetur, pœnam certæ pecuniæ; si ex pluribus heredibus, unus contra id quod cautum sit fecerit, ab omnibus heredibus committitur pœna pro parte hereditariâ; quoniam quod in partes dividi non potest, ab omnibus quodammodò factum videretur. (L. 4, § 1, D. de verb. oblig.) Sed cœteri coheredes familiæ erciscundæ judicio sarcient damnum (L. 2, § 5 et L. 85, § 3, eod. tit.)

Attamen, si hypotheca ad firmandam pœnæ solutionem data est, tenentem pro totâ pœnâ, actor persequi potest, ut vel totum debitum reddat, vel ei quod detinet cedat.

Si dividua est principalis obligatio; (L. 4, § 1, D. de verb. oblig.) decidit: heredem solummodò pro parte suâ pactum violare posse, et pro portione hereditariâ pœnam committi, nec actorem contra alios heredes, qui obligationem præstiterunt, agere posse : si de eo cautum sit, quod divisionem recipiat, veluti ampliùs non agi, tunc eum heredem qui adversùs ea fecit pro portione suâ pœnam committere.

Huic legi contraria videtur lex 5, § 3, D. eod. tit. quæ dicit : *Si sortem promiseris et si ea soluta non esset, pœnam; etiam si unus ex heredibus tuis portionem suam ex sorte solverit, nihilominùs pœnam committit, donec portio coheredis solvatur.*

Ad conciliandam hanc dissensionem, dicendum est : Si adjecta est pœna solùm ut principalis obligatio firmaretur et non ut solutio pro parte heredum prohiberetur, prima lex sequitur. Si dividua est principalis obligatio quoad obligationem sed individua quoad solutionem, et si pœna stipulata est ut pro parte non præstaretur obligatio, similis est casus ac si principalis obligatio ex naturâ individua stipulata sit; et tunc secundam legem adhibere convenit.

Si stipulator decesserit, qui stipulatus erat, sibi heredique suo agere licere et unus ex heredibus ejus prohibeatur. Si pœna adjecta sit, in solidum committetur, sed qui non sunt prohibiti, doli mali exceptione summovebuntur, sive pœna nulla posita sit, tunc pro parte ejus tantùm qui prohibitus est, committetur stipulatio. (L. 2, §.6, D. de verb. oblig.)

Droit civil français.

DES OBLIGATIONS PÉNALES.

(Art. 1226-1233 du Code civil.)

INTRODUCTION.

On appelle obligation la nécessité juridique par suite de laquelle une personne est astreinte envers une autre à donner, à faire ou à ne pas faire quelque chose (art. 1101).

Toute obligation de faire ou de ne pas faire se résout en dommages et intérêts en cas d'inexécution de la part du débiteur (art. 1142), car le créancier ne peut le forcer à l'exécution de ces obligations; et quant aux obligations de donner, quoique le créancier puisse rigoureusement contraindre le débiteur à les exécuter, tant que la chose qui fait l'objet de la convention existe, le simple retard dans leur exécution peut causer et cause ordinairement au créancier un préjudice plus ou moins considérable, dont le débiteur est tenu de l'indemniser en lui payant des dommages-intérêts.

La question de savoir s'il est dû des dommages et intérêts, est souvent douteuse, et leur quotité est toujours incertaine. Aussi la demande des dommages et intérêts est-elle ordinairement la source de procès difficiles et dispendieux. Les tribunaux n'en accordent que difficilement et presque toujours de très-faibles.

C'est pour fixer ces incertitudes, pour prévenir ces contestations, que les jurisconsultes conseillent prudemment d'ajouter aux conventions une peine, ayant pour objet de tenir lieu de dommages-intérêts.

Le Code civil a formellement attribué cet effet à la stipulation d'une peine : La clause pénale (art. 1229, alin. 1) est la compensation des dommages et intérêts que le créancier souffre de l'inexécution de l'obligation principale.

Outre qu'elles dispensent le créancier de faire la preuve souvent très-difficile du préjudice que lui fait éprouver l'inexécution de la convention, les obligations pénales ont encore pour effet, d'astreindre le débiteur à cette exécution par la crainte que la peine doit nécessairement lui inspirer. D'un autre côté, la stipulation d'une peine est aussi d'un grand avantage dans les conventions pour l'exécution desquelles la loi refuse une action, sans toutefois les réprouver ; car elle crée un lien de droit, une force obligatoire qui manque à cette espèce de convention.

Nous diviserons la matière qui nous occupe en quatre parties : dans la première, nous exposerons les principes généraux sur la nature de l'obligation pénale ; dans la seconde, nous verrons quand il y a ouverture à la peine ; dans la troisième, nous traiterons des effets de l'obligation pénale entre les parties contractantes ; enfin dans la quatrième, des effets de cette obligation par rapport aux héritiers du débiteur et du créancier.

PREMIÈRE PARTIE.

DE LA NATURE DE L'OBLIGATION PÉNALE.

§ 1. *Notions générales.*

L'obligation pénale est celle qui nait de la clause d'une convention, par laquelle le débiteur, pour mieux assurer l'exécution d'une première obligation par lui contractée, s'engage par forme de peine à une prestation quelconque, dans le cas où il n'accomplirait pas cette obligation ou ne l'accomplirait que d'une manière incomplète (art. 1226).

La peine consiste ordinairement en une somme d'argent, mais elle peut aussi consister en toute autre chose, même en une chose tout-à-fait indivisible (arg. art. 1226).

L'obligation pénale est secondaire et accessoire ; son existence est subordonnée à celle d'une obligation primitive et principale. Elle est conditionnelle et éventuelle ; elle ne nait que de la non-exécution de l'obligation primitive ; si cette dernière est accomplie, l'événement de la condition ne pouvant plus arriver, la clause pénale n'aura jamais existé. Mais l'existence de l'obligation pénale devenue actuelle et parfaite, n'anéantit point l'obligation primitive : elles subsistent toutes les deux ; car l'objet de la stipulation d'une peine, n'est pas d'éteindre ni de résoudre l'obligation primitive, c'est au contraire d'en assurer l'accomplissement.

La clause pénale suppose une obligation primitive indépendante de l'obligation secondaire que cette clause engendre. L'obligation avec clause pénale renferme deux obligations, l'une principale, l'autre accessoire, ayant chacune un objet déterminé et différent. Ce caractère essentiel, propre à l'obligation avec clause pénale, la fait distinguer facilement d'avec les obligations conditionnelle, facultative et alternative qui ont avec elle quelque analogie. Ainsi :

L'obligation conditionnelle dépend d'un événement futur et incertain dont l'arrivée doit donner ou enlever à l'obligation sa force juridique. Elle est unique, ne renferme qu'une seule promesse et elle ne commence à exister que lors de l'événement de la condition (*incipit à conditione*).

L'obligation secondaire produite par la clause pénale est conditionnelle en ce sens seulement, que son effet est suspendu jusqu'à l'arrivée de la condition, mais aussi, cette condition n'est jamais résolutoire.

L'obligation facultative ne contient pas de peine, le débiteur a seulement la faculté de se libérer en remplaçant l'objet promis et non fourni, par la prestation d'une somme convenue en cas d'inexécution. La stipulation de cette somme au moment du contrat, peut faire supposer que les parties ont eu l'intention de convertir l'obligation première en cette somme d'argent, et cela par une espèce de novation, qui s'opère au gré du débiteur et que le créancier est obligé d'accepter. Dans l'obligation avec clause pénale, le créancier peut, comme nous le verrons bientôt, ne pas se contenter de la peine et poursuivre l'exécution de l'obligation principale.

L'obligation alternative ne renferme qu'une seule obligation, dont l'ojet est indéterminé entre deux ou plusieurs choses, ordinairement au choix du débiteur, qui est libéré par la délivrance d'une seule. Néanmoins, par exception, le choix peut appartenir au créancier (art. 1189). Dans l'obligation avec clause pénale, le débiteur n'a jamais le choix entre les deux obligations; quelquefois même il les doit toutes les deux. Cependant, lorsque le créancier ne peut demander que l'une ou l'autre de ces obligations, ce cas a beaucoup d'analogie avec celui de l'obligation alternative où le choix appartient au créancier.

§ 2. *La nullité de l'obligation principale entraîne celle de l'obligation pénale.*

L'obligation pénale étant, par sa nature, accessoire à une obligation primitive et principale; la nullité de celle-ci entraîne la nullité de l'obligation pénale. L'accessoire ne peut subsister sans le principal. D'ailleurs l'obligation pénale étant l'obligation d'une peine stipulée en cas d'inexécution de l'obligation primitive, si l'obligation primitive n'est pas valable, c'est-à-dire, si elle a pour objet une chose impossible, contraire aux bonnes mœurs ou prohibée par la loi (art. 1172), ou bien encore, si elle est infectée d'un vice qui en opère la nullité radicale, tel que le défaut de consentement, la violence, le dol, l'obligation pénale ne peut avoir lieu, parce qu'il ne peut y avoir de peine de l'inexécution d'une obligation qui, n'étant pas valable, n'a pu ni dû être exécutée.

La règle que la nullité de l'obligation principale entraîne celle de la clause pénale, reçoit exception, lorsque cette dernière est ajoutée à une promesse qui n'est pas réprouvée par la loi, mais dont l'exécution ne peut être demandée aux tribunaux, parce que celui envers qui elle a été contractée, n'a aucun intérêt appréciable à la faire exécuter. La raison est que l'obligation n'est nulle en ce cas, que parce qu'on ne peut pas forcer le débiteur à l'exécuter. La clause pénale purge ce vice, en empêchant le débiteur d'y pouvoir contrevenir impunément; car le créancier aura un intérêt à ce qu'elle soit accomplie.

De même, quoiqu'on ne puisse pas valablement promettre le fait d'autrui, la clause pénale ajoutée à une convention, par laquelle quelqu'un a promis le fait d'un tiers, est valable, parce que la clause pénale fait voir que celui qui a promis, n'avait pas seulement intention de promettre le fait de ce tiers, mais de se porter fort pour lui.

La clause pénale est encore valable, lorsqu'elle a été ajoutée à la vente de la chose d'autrui faite à un acquéreur de bonne foi. Quoique cette vente soit nulle, l'acheteur a droit à des dommages-intérêts. La peine en tient lieu (arg. art. 1599).

La peine est également encourue, lorsque l'obligation principale est nulle par le dol de celui qui est obligé; car elle représente les dommages-intérêts qu'il doit à raison de sa faute (arg. art. 1382).

La clause pénale produit également ses effets, lorsqu'elle est ajoutée à l'acte confirmatif d'une obligation susceptible d'être annulée pour violence, erreur, dol ou incapacité.

Les promesses de mariage étant nulles, les clauses pénales que les parents ou les enfants pourraient y ajouter ne sauraient produire d'effet.

§ 3. *La nullité de l'obligation pénale n'entraîne pas celle de l'obligation principale.*

Si l'objet de la clause est hors du commerce, ou s'il consiste dans un fait impossible à exécuter, s'il est contraire aux lois, aux bonnes mœurs, l'obligation pénale sera considérée comme non avenue et l'obligation principale réputée pure et simple.

En effet, le principal ne dépend pas de l'accessoire et peut subsister sans lui (art. 1227, alin. 2).

DEUXIÈME PARTIE.

QUAND Y A-T-IL OUVERTURE A L'OBLIGATION PÉNALE?

Article 1230 : Soit que l'obligation primitive contienne, soit qu'elle ne contienne pas un terme dans lequel elle doive être accomplie, la peine n'est encourue que lorsque celui qui s'est obligé, soit à livrer, soit à prendre, soit à faire, est en demeure.

§ 1. *Quand la peine est-elle encourue dans l'obligation de ne pas faire quelque chose ?*

Il est évident que lorsqu'une peine a été ajoutée à une obligation de ne pas faire quelque chose; celui qui y contrevient doit la peine par le seul fait de la contravention (art. 1145). Cela a lieu quand même cette contravention n'aurait pas eu de suite ; car lorsqu'une fois la condition s'est accomplie, son effet est irrévocablement produit *(conditio semel impleta non resumitur).*

Cependant si la contravention qui n'a point eu de suites, était plutôt apparente que réelle, la peine ne serait point encourue; par exemple : j'ai stipulé avec vous, sous une certaine peine, que vous ne loueriez votre maison voisine de celle que j'occupe à aucun ouvrier se servant de marteau ; le bail que vous en auriez fait à un serrurier, s'il n'a pas été exécuté, ne donnera pas ouverture à la peine; car en stipulant cela avec vous, mon but était de ne pas être incommodé par le bruit que font ces ouvriers ; le bail qui n'a pas été exécuté ne m'a causé aucune incommodité (Pothier, n° 349). On doit, dans les conventions, rechercher quelle a été la commune intention des parties contractantes plutôt que de s'arrêter au sens littéral des termes (art. 1156).

§ 2. *Quand la peine est-elle encourue dans l'obligation de donner ou de faire quelque chose ?*

Dans ce cas il y a ouverture à la peine, lorsque le débiteur a été mis en demeure de donner ou de faire ce qu'il a promis.

Les lois romaines font une distinction : ou bien le délai dans lequel l'obligation principale doit être accomplie est déterminé, ou bien il est indéterminé.

Dans le premier cas, elles décident que la peine est due de plein droit aussitôt que le terme est expiré, sans qu'il soit besoin d'aucun avertissement (*dies interpellat pro homine*). La peine était encourue même avant l'échéance du terme stipulé, dès qu'il était devenu certain que l'exécution de la convention ne pouvait plus avoir lieu dans le terme convenu.

Lorsque la convention ne fixait aucun délai, le débiteur n'était constitué en demeure, que par une contestation en cause, une simple interpellation ne suffisait pas.

Selon la jurisprudence antérieure au Code civil : soit que l'obligation primitive contienne ou ne contienne pas un délai dans lequel elle doive être accomplie, il fallait, généralement, une interpellation judiciaire pour constituer le débiteur en demeure, et pour donner en conséquence ouverture à la peine. Cette interpellation même ne donnait pas toujours ouverture à l'obligation pénale, le juge pouvait encore accorder un délai au débiteur pour exécuter la convention.

Suivant le Code civil, la peine n'est encourue qu'autant que le débiteur a été mis en demeure par une sommation extrajudiciaire, ou par tout autre acte propre à constater qu'il est en retard d'exécuter ses engagements. Cela a lieu, quoique la convention porte un terme dans lequel elle doit être exécutée, à moins qu'il ne soit exprimé que la seule échéance de ce terme donnera lieu à la peine (art. 1146); ou bien que la loi n'ait exceptionnellement disposé que la demeure résultera de la seule échéance du terme (art. 1657); ou bien enfin, si le fait auquel le débiteur s'était obligé, ne pouvait s'accomplir utilement que dans un certain temps qu'il a laissé passer.

En comparant ces trois législations, on voit que les rédacteurs du Code civil ont pris un terme moyen entre les lois romaines et nos anciens usages. Le Code civil s'écarte du Droit romain en ce qu'il faut une convention expresse pour que le débiteur soit constitué en demeure par la seule échéance du terme. Il diffère de notre ancienne jurisprudence en ce que la mise en demeure peut résulter de la seule échéance du terme et sans qu'il soit besoin d'acte.

La mise en demeure confère au créancier un droit acquis aux dommages-intérêts, et par conséquent à la peine convenue qui en est la compensation.

La demeure n'existe que par le refus de paiement; lorsque le débiteur paie sur la sommation, il fait ce qu'on lui demande, il n'est pas en retard.

Le juge peut accorder un délai au débiteur pour le paiement (art. 1244, alin. 2); la loi ne lui interdisant pas cette faculté par rapport aux obligations avec clauses pénales, nous devons en conclure qu'il peut également accorder un délai pour leur exécution. La peine sera néanmoins encourue à dater de la mise en demeure du débiteur; car, pendant le délai de grâce, toute chose demeurant en état, la peine encourue ne peut plus dépendre du terme accordé par le juge.

Il nous reste à observer que si, par le fait du créancier, ou par cas fortuit ou de force majeure, il a été impossible au débiteur, qui ne s'en est pas chargé dans ce cas, d'accomplir ce à quoi il était obligé, il n'y a pas lieu à des dommages-intérêts, ni par conséquent à la peine (art. 1148-1229).

TROISIÈME PARTIE.

DES EFFETS DE L'OBLIGATION PÉNALE ENTRE LES PARTIES CONTRACTANTES.

§ 1. *Le créancier au lieu de demander la peine peut poursuivre l'exécution de l'obligation principale.*

L'obligation pénale a pour fin d'assurer l'exécution de l'obligation principale. De là on doit conclure que les contractants n'ont eu en vue ni d'éteindre ni de résoudre l'obligation principale par l'obligation pénale.

Ainsi, dans les obligations avec clause pénale, il n'y a plus après l'événement de la condition, une obligation principale et une autre accessoire, mais deux obligations principales ; l'une n'a pas cessé d'exister, l'autre est actuelle et exigible depuis la mise en demeure du débiteur qui a réalisé la condition sous laquelle elle était contractée.

Si le créancier poursuit l'exécution de l'obligation primitive (art. 1228), il peut exercer tous les droits qu'elle lui conférait ; la clause pénale n'a pu y porter atteinte. Ainsi, si c'est une obligation de donner un meuble ou un immeuble, il a le droit de le faire saisir et de se le faire délivrer par les voies judiciaires. Si c'est une obligation de ne pas faire, il peut se faire autoriser par justice, à détruire ce qui a été fait contrairement à la convention. Si c'est une obligation de faire et qu'elle puisse être remplie par un tiers, le créancier peut la faire exécuter aux frais du débiteur ; mais si ce dernier peut seul l'exécuter, le créancier sera obligé de s'en tenir à la peine.

§ 2. *Le créancier ne peut en même temps demander la peine et l'exécution de l'obligation primitive.*

La peine est stipulée dans l'intention de forcer le débiteur à faire ce qu'il a promis. Elle est destinée à réparer le préjudice que le créancier peut éprouver, à compenser les dommages-intérêts qu'il peut exiger par suite de l'inexécution de l'obligation principale. Il suit de là qu'il doit choisir ou de poursuivre l'exécution de l'obligation principale ou la peine; qu'il doit se contenter de l'une ou de l'autre, et qu'il ne peut pas également exiger les deux.

Si le créancier prouve clairement que la peine ne le dédommage pas suffisamment du préjudice qu'il a éprouvé, est-il obligé de se contenter de cette peine; et *vice versâ*, le débiteur qui justifie que la peine est excessive comparativement au préjudice souffert, peut-il la faire réduire?

Pothier (oblig., n° 343), se fondant sur plusieurs textes du Droit romain, enseignait que le créancier ne devait pas être facilement écouté, lorsqu'il demandait des dommages-intérêts plus forts que ceux qu'il avait fixés lui-même dans la clause pénale, mais que cependant, s'il avait la preuve en main de n'avoir pas été indemnisé par la peine, il pouvait, même après l'avoir reçue, demander les dommages-intérêts résultant de l'inexécution de l'obligation; il devait toutefois imputer et tenir compte sur ces dommages-intérêts de la peine qu'il avait déjà perçue. Pothier pensait aussi (idem, n° 346) qu'il y avait lieu à modérer la peine, si le débiteur prouvait qu'elle était excessive.

C'était une étrange jurisprudence que celle qui permettait aux juges de déroger à la convention; comme s'il n'était pas permis aux contractants de stipuler une peine plus forte que l'obligation primitive, ou moindre que les dommages-intérêts qui peuvent résulter de son inexécution, tandis qu'ils peuvent stipuler une somme, sous la condition d'un événement casuel qui ne leur cause aucun préjudice. Il faut des considérations bien puissantes, des considérations d'ordre public, pour permettre aux tribunaux de s'écarter de la loi du contrat et de modifier la volonté des parties.

Les rédacteurs du Code civil n'ont, avec raison, pas suivi cette doctrine; ils pensent que les contractants sont les appréciateurs les plus sûrs du dommage qui peut résulter de l'inexécution de leur engagement, et qu'ainsi lorsque les parties ont elles-mêmes fixé le taux des dommages-intérêts, leur prévoyance ne doit pas demeurer sans effet, leur convention doit être respectée (art. 1134-1152).

Si la disposition qui défend aux juges de modérer la peine conventionnelle peut, en des cas assez rares, entraîner quelques inconvénients particuliers, ils sont plus que compensés par le grand avantage de prévenir une foule de procès par la stabilité qu'elle donne aux conventions presque toujours attaquées par l'esprit de litige et de mauvaise foi, quand on laisse aux plaideurs l'espoir d'arracher à la faiblesse ou à la pitié du juge une décision contraire à la loi du contrat.

Cependant, si la clause pénale avait été stipulée pour assurer le paiement d'une somme ou d'une quantité de choses qui se consomment par l'usage, et si elle excédait sensiblement le taux de l'intérêt légal, elle ne serait qu'une usure déguisée, et le juge devrait la réduire (art. 1153). Mais si, à raison de circonstances particulières, la somme stipulée à titre de peine n'est pas une usure déguisée, quoiqu'elle dépasse l'intérêt licite, elle devra être payée en entier.

Ainsi, en général, le créancier doit choisir de demander l'exécution de l'obligation principale ou la peine; lorsqu'il aura obtenu l'une, il ne pourra plus poursuivre l'autre (art. 1229, alin. 2).

§ 3. *Dans certains cas le créancier peut avoir à la fois le principal et la peine.*

Le principe que le créancier ne peut avoir à la fois le principal et la peine, souffre exception :

1°. Lorsque les contractants ont expressément ou tacitement stipulé, que, faute par le débiteur de remplir ses engagements dans un certain temps, la peine sera encourue sans préjudice du maintien de l'obligation principale (*rato manente pacto*). Une convention tacite de cette nature ne doit cependant être admise que sur des présomptions graves et lorsqu'elle ressort d'une manière non équivoque de l'intention des parties;

2° Lorsque les parties ont stipulé une peine pour tenir lieu de dommages-intérêts, à raison du tort que cause au créancier le simple retard dans l'exécution et non dans l'intention de le dédommager du préjudice qu'il pourra éprouver de l'inexécution entière de l'obligation principale. Cette stipulation peut être expresse ou tacite ; mais elle ne doit pas facilement se présumer.

Si, pour mieux assurer l'exécution d'une transaction, les parties ont stipulé une peine contre celle qui manquerait de l'exécuter, la partie au profit de laquelle la peine serait encourue, ne pourrait, en général, poursuivre tout à la fois la peine et l'exécution de la transaction. Cependant, si une peine avait été stipulée pour le cas où l'une des parties dirigerait une attaque judiciaire contre la transaction, la peine devrait, à moins de circonstances spéciales, être considérée comme un dédommagement pour le préjudice que le seul fait d'une pareille attaque causerait à l'autre partie, et pourrait, par conséquent, être réclamée cumulativement avec le principal (Zachariæ, n° 421). Si tout est fini par la transaction, qu'aucune des parties n'ait plus rien à faire, rien à exécuter, on présumera que les parties ont voulu éviter tout procès, en stipulant une peine ; mais si la transaction oblige les parties, ou l'une d'elles, à une prestation quelconque, on supposera que la peine n'a été stipulée qu'en cas d'inexécution de la prestation.

La même décision doit aussi s'appliquer, et avec la même distinction, aux obligations pénales ajoutées aux actes de partage. Cependant, si le partage pouvait être annulé pour lésion de plus du quart, la nullité de l'acte de partage entraînerait celle de l'obligation pénale.

Enfin, si dans un compromis il a été stipulé une peine contre la partie qui n'exécutera pas le jugement arbitral, ou qui l'attaquera, le contrevenant devra payer de suite la peine, mais l'autre ne pourra plus alors poursuivre l'exécution du jugement des arbitres. Au contraire, si elle a poursuivi et obtenu cette exécution, elle ne pourra plus demander la peine.

§ 4. *La peine peut être modifiée par le juge, lorsque l'obligation principale a été exécutée en partie (art.* **1231***).*

En Droit romain, lorsque la peine stipulée n'indemnisait pas suffisamment le créancier du préjudice souffert, ce dernier pouvait demander le surplus ; d'un autre côté le juge ne pouvait diminuer la peine.

L'ancienne jurisprudence française avait admis, au contraire, par des motifs d'équité, que le juge ne devait pas augmenter la peine au profit du créancier, mais qu'il pouvait la modérer en faveur du débiteur.

Le Code civil a rejeté ces deux législations ; comme nous l'avons dit plus haut, il est parti de cette idée, que les contractants sont les meilleurs appréciateurs du préjudice qui peut résulter de l'inexécution de la convention, et a admis en principe que le juge ne pouvait modifier la peine. La disposition de l'article 1231 n'est qu'une exception.

Les articles 1220 et 1244 du Code civil posent le principe, que le débiteur ne peut forcer son créancier à recevoir un paiement partiel, sauf conventions contraires. Les offres qu'il lui ferait d'une partie de la dette, seraient nulles (art. 1258-3°) et par conséquent, ne sauraient, même pour partie, le soustraire à la peine. Mais, si par la compensation, la dette a été diminuée, ou si le créancier a accepté, sans réserves, un paiement partiel, il n'aura plus droit à la totalité de la peine, ce serait recevoir partie du principal et la peine, ce qui est contraire à l'article 1229, alin. 2. Ce principe serait aussi applicable au cas où une personne s'est portée fort pour un tiers, en s'engageant à payer une somme si le tiers faisait ou ne faisait pas telle ou telle chose.

Il importe de remarquer que l'art. 1231 n'oblige pas le juge à modifier la peine, mais lui en donne seulement le pouvoir. Il faut en conclure que, malgré l'exécution partielle de l'obligation principale, le juge peut maintenir la peine en son entier. Il usera de cette faculté, lorsque cette exécution partielle n'aura pas eu lieu de l'aveu formel du créancier, et lorsqu'elle n'aura pas empêché le préjudice que la peine avait pour but de prévenir. Mais si le paiement partiel a eu lieu du consentement du créancier, la peine pourra être réduite proportionnément à ce paiement. Le juge n'est cependant pas obligé de diminuer la peine dans la proportion exacte de l'exécution partielle que l'obligation principale a reçue, il peut la fixer en raison seulement du préjudice souffert par le créancier. Enfin, lorsque la peine a été stipulée pour le simple retard, le juge ne peut la modifier.

Ces principes s'appliquent aussi aux obligations de choses indivisibles, même au cas ou la peine consisterait dans quelque chose d'indivisible (Pothier, n°s 353 et suiv).

Enfin, comme l'article 1231 ne concerne que l'intérêt privé des contractants, ceux-ci peuvent convenir que la peine ne pourra être modifiée par le juge, quand même l'obligation principale aurait été exécutée en partie.

QUATRIÈME PARTIE.

DES EFFETS DE LA CLAUSE PÉNALE PAR RAPPORT AUX HÉRITIERS DU DÉBITEUR ET A CEUX DU CRÉANCIER.

Il s'agit maintenant de savoir, si la peine est encourue pour le total et par tous les héritiers du débiteur, par la contravention de l'un d'eux, si elle est due pour le tout à un héritier du créancier.

A cet égard il faut distinguer entre les obligations indivisibles et les obligations divisibles.

§ 1. *Cas où l'objet de l'obligation principale est d'une chose indivisible.*

Article 1232, Cod. civ. : « Lorsque l'obligation primitive contractée avec clause pénale est d'une chose indivisible, la peine est encourue par la contravention d'un seul des héritiers du débiteur, et elle peut être demandée, soit en totalité contre celui qui a fait la contravention, soit contre chacun des cohéritiers pour leur part et portion et hypothécairement pour le tout, sauf leur recours contre celui qui a fait encourir la peine. »

Cette disposition est empruntée de Pothier qui en donne cet exemple : Mon voisin m'a accordé un droit de passage sur son héritage, à peine de 100 francs en cas d'empêchement. Après sa mort, un de ses héritiers s'oppose à mon passage. La peine entière sera encourue, lors même qu'il aurait commis cette contravention sans la participation et contre le gré des autres héritiers. En effet, l'obligation primitive ayant pour objet une chose indivisible, la contravention d'un des héritiers est une contravention à toute l'obligation, elle doit donc faire encourir toute la peine : Les héritiers représentent leur auteur et sont tenus des obligations par lui contractées, le créancier peut exiger de chacun d'eux qu'il contribue au paiement de la peine pour sa part héréditaire.

Si une hypothèque a été consentie pour la sûreté de la peine et que l'immeuble grevé soit tombé dans le lot d'un des héritiers, ce dernier peut être poursuivi pour le tout en vertu du droit de suite que donne l'hypothèque (art. 2114), sauf son recours contre celui qui a fait encourir la peine, qui doit réparer le dommage causé par sa faute (art. 1382).

L'héritier contrevenant peut être poursuivi pour la totalité de la peine; car étant débiteur pour le total de l'obligation primitive, il est aussi débiteur de la peine convenue. C'est la décision de Dumoulin, part. 3, n° 5 et 112 : *si non tanquam heres* du moins *partim tanquam heres et partim ex proprio facto*. Cependant si en contrevenant à l'obligation principale il n'a fait qu'user d'un droit qui lui était particulier, il ne doit, de même que ses cohéritiers, que sa part de la peine, car en usant de son droit, il n'a pas péché contre la bonne foi.

Si plusieurs des cohéretiers ou tous, ont contrevenu à l'obligation principale, la peine peut être exigée pour le tout contre chacun d'eux, sauf leur recours entre eux, *multido peccantium non exonerat sed potius aggravat*. Dumoulin, part. 3, n° 148.

Nous devons observer que les débiteurs solidaires sont débiteurs du total de la peine, lorsqu'elle est encourue par le fait de l'un d'eux, tandis que les héritiers qui n'ont pas contrevenu à l'obligation principale ne sont tenus de la peine que pour leur part héréditaire (art. 1200-1232).

§ 2. *Du cas où l'objet de l'obligation principale est une chose divisible.*

Article 1233 du Code civil : « Lorsque l'obligation primitive contractée sous une peine est divisible, la peine n'est encourue que par celui des héritiers du débiteur qui contrevient à cette obligation, et pour la part seulement dont il était tenu dans l'obligation principale, sans qu'il y ait d'action contre ceux qui l'ont exécutée. »

La dette, se divisant entre les héritiers (art. 1220), chaque héritier ne peut contrevenir au paiement que pour la part dont il est tenu, il ne peut être tenu de la peine que pour cette part : sans cela le créancier, après avoir reçu la part d'un héritier, demandant la peine à un autre, aurait partie du principal et la peine, ce qui ne peut avoir lieu.

Cette règle reçoit exception, lorsque la clause pénale ayant été ajoutée dans l'intention que le paiement ne pût se faire partiellement, un cohéritier a empêché l'exécution de l'obligation pour la totalité. En ce cas, la peine entière peut être exigée contre lui et contre les cohéritiers pour leur portion seulement, sauf leur recours (art. 1233, alin. 2).

L'héritier qui a fait la contravention est tenu de la peine pour le total. Directement, il n'en est tenu que pour sa part; mais indirectement il doit le surplus, comme étant obligé d'indemniser ses cohéritiers, en sorte que le créancier, étant subrogé à cet égard aux droits de ces derniers, peut le poursuivre pour la totalité de la peine.

Dans le cas du premier alinéa de l'article 1233, l'héritier peut éviter d'encourir la peine en offrant au créancier sa part dans la dette.

Dans le cas du deuxième alinéa de cet article, le créancier ayant droit à un paiement intégral, peut refuser les offres partielles faites par un des héritiers. Cet héritier ne pourra être considéré comme ayant empêché l'exécution de l'obligation pour la totalité, puisque s'il est obligé de payer sa part de la peine, il aura droit à une indemnité; il ne sera pas libéré de sa part dans la peine, si ses cohéritiers n'offrent pas leurs parts en même temps.

Le créancier peut, en recevant le paiement d'un héritier, réserver, quant à la peine, ses droits contre cet héritier, pour le cas où il y aurait contravention de la part de ceux qui n'ont pas encore payé. Si le créancier n'a pas réservé expressément ses droits quant à la peine, l'héritier qui a payé est libéré quant à celle-ci.

§ 3. *Cas où l'objet de l'obligation pénale est d'une chose indivisible.*

Nous avons admis jusqu'à présent, que l'objet de la peine était une chose divisible, mais cet objet pourrait être aussi une chose indivisible, comme une servitude, un corps certain, une chose qui, dans l'intention des paroles contractantes, ne peut être payée par partie.

Dans ces différents cas, que l'obligation primitive soit divisible ou indivisible, si le créancier demande la peine, il faut appliquer les règles qui seraient suivies, si l'obligation principale était d'une chose indivisible et que le créancier en demandât l'exécution.

§ 4. *De la contravention faite à l'obligation principale, avec clause pénale, envers l'un des héritiers du créancier.*

Lorsque l'obligation indivisible avec clause pénale n'a pas été exécutée envers un héritier du créancier, ce dernier a-t-il le droit de demander la totalité ou partie seulement de la peine ?

Dans cette hypothèse : une personne a stipulé, sous une peine, un droit de passage au profit de son fonds pour elle et ses héritiers. Si l'empêchement de passer est fait à l'héritier à qui le fonds dominant est échu par le partage, il aura droit à toute la peine. Mais, si le fonds était encore commun entre les cohéritiers, l'empêchement fait à un seul d'entre eux, ne lui donne le droit qu'à sa part de la peine, et, s'il la reçoit, il devra renoncer à la servitude en ce qui le concerne. Il ne peut avoir, en effet, le principal et la peine.

S'il en est ainsi, quoique l'obligation primitive fût indivisible, à plus forte raison en sera-t-il de même si l'obligation primitive est une obligation divisible.

DROIT COMMERCIAL.

DES LIVRES DE COMMERCE.

(Articles 8 à 17 du Code de commerce).

§ 1. *Nécessité imposée au commerçant de tenir des livres.*

Comme autrefois à Rome les *argentarii*, nos commerçants sont astreints à tenir des registres, avec de certaines formalités déterminées.

La nécessité imposée au commerçant de tenir des livres, est fondée sur la nature des opérations commerciales, dans l'intérêt des commerçants et des tiers. En effet, un commerçant fait tous les jours de nombreuses affaires avec des personnes différentes, sur des objets de différente nature ; il lui est très-difficile, même impossible, de les avoir toujours présentes à la mémoire, il peut les oublier et s'exposer ainsi à des déchéances et à des pertes. Les livres lui mettent chaque jour sous les yeux l'état de ses affaires, l'avertissent des pertes qu'il a essuyées, de la nécessité de quitter le commerce plutôt que de le continuer à l'aide de sacrifices ou d'emprunts ruineux.

Les opérations commerciales se font rarement au comptant, mais plutôt par correspondance ou verbalement ; on ne dresse point d'acte, un officier public ne vient pas y donner l'authenticité, ce serait trop de longueurs. Les contractants doivent donc être de bonne foi, car s'il n'en était pas ainsi, l'un d'eux pourrait facilement se soustraire à ses engagements ; cependant cela peut se rencontrer et on a dû faciliter au commerçant probe et consciencieux, les moyens de se faire indemniser, de prouver ces engagements. C'est ce que fait la loi (C. com. 12).

Les livres de commerce peuvent en outre offrir des renseignements précieux pour éclairer les créanciers d'un failli, sur la conduite et la situation de leur débiteur, et leur tracer la voie qu'ils doivent suivre à son égard.

Aussi la loi, après avoir ordonné que tout commerçant aura des livres, (C. com. 8) a ensuite prononcé que le commerçant, qui n'a pas de livres, (C. com. 586-591) ou qui les a tenus négligemment, ou qui les a faussés ou altérés, sera, selon la gravité du fait, en cas de faillite, tantôt qualifié de banqueroutier simple, tantôt de banqueroutier frauduleux.

§ 2. *Des livres obligatoires ou indispensables aux commerçants.*

Ils sont au nombre de trois : le livre journal, le livre des inventaires, le livre de copies de lettres.

1º *Du livre journal.* C'est le plus important, les autres n'en sont que les accessoires. Il doit, jour par jour, contenir toutes les opérations du commerçant, ses dettes actives et passives, les négociations d'effets, les endossements, tout ce qu'il reçoit et tout ce qu'il paye, de quelque source et à quelque titre que ce soit; énoncer, non plus jour par jour, mais mois par mois, les sommes employées à la dépense de sa maison (C. com. 8).

2º *Du livre des inventaires.* Tout commerçant doit faire chaque année, sans être obligé d'employer le ministère d'un officier public, et seulement par écriture privée, l'inventaire de ses biens meubles et de ses immeubles, et de ses dettes actives et passives; cet inventaire est copié par lui, année par année, sur un registre spécial appelé livre des inventaires (art. 9, com.) [a].

3º *Du livre de copies de lettres.* Il doit contenir la transcription de toutes les lettres que le commerçant envoie; en même temps, pour que la série de tout ce qu'il traite par correspondance soit complète, il est tenu de mettre en liasse

---

[a] Une loi du 26 juillet (art. 12) force les fabricants de sel à faire tous les trois mois l'inventaire des sels qu'ils ont en magasin.

et de conserver toutes les lettres qu'il reçoit: Ceci ne s'applique qu'aux lettres de commerce.

APPENDICE AU SECOND-PARAGRAPHE.

DE CERTAINS LIVRES OBLIGATOIRES POUR CERTAINES PROFESSIONS.

1° L'art 102 C. com. oblige les commissionnaires de transport de tenir un registre, coté et paraphé, sur lequel ils doivent copier les lettres de voiture, sans intervalle et de suite. Cette transcription peut être utile, en cas de perte de la lettre de voiture, ou de contestation.

2° Par la même raison, l'art. 1785 C. civ. oblige les entrepreneurs de voitures publiques par terre et par eau, et ceux des roulages publics, de tenir un registre de l'argent, des effets et des paquets dont ils se chargent.

3° L'art. 84 C. com. prescrit aux agents de change et aux courtiers, d'avoir un livre, où ils sont tenus de consigner, jour par jour, par ordre de dates, sans ratures, interlignes, ni transpositions, et sans abréviations ni chiffres, toutes les conditions des ventes, achats, assurances, négociations, et en général toutes les opérations faites par leur ministère. Ces livres peuvent concourir avec les autres livres des commerçants qui sont en procès, pour prouver l'existence des marchés, ou pour en justifier les conditions.

4° D'après l'art 176 C. com. les notaires et les huissiers sont tenus de copier en entier les protêts qu'ils font, jour par jour, par ordre de dates, dans un registre particulier, coté, paraphé, et tenu dans les formes prescrites pour les répertoires. C'est afin que si les originaux venaient à se perdre, on pût toujours en retrouver copie pour continuer les poursuites, et afin que dans le compte de retour, on puisse, comme l'exige l'art 181, C. com., donner expédition de l'acte du protêt.

5° Craignant les abus qui pourraient se commettre facilement dans cette matière, la loi ordonne (art. 411, C. pén.) que tous les prêteurs sur gage autorisés, seront obligés de tenir des registres spéciaux avec de certaines formalités qu'elle détermine.

6° Un édit du mois de juillet 1682 enjoint, art 35 : que les pharmaciens et épiciers tiendront un registre coté et paraphé par le maire ou le commissaire de police, sur lequel registre ceux qui seront dans le cas d'acheter des substances vénéneuses, inscriront de suite et sans aucun blanc, leurs noms, qualités et demeures, la nature et la quantité des drogues qui leur ont été délivrées, l'emploi qu'ils se proposent d'en faire, et la date exacte du jour de leur achat.

7° Une loi du 19 brumaire, an vi, ordonne (art. 74), que les fabricants et marchands d'or et d'argent, auront un registre coté et paraphé par l'administration municipale, sur lequel ils inscriront la nature, le nombre, le poids et le titre des matières et ouvrages d'or et d'argent qu'ils achèteront ou vendront, avec les noms et demeures de ceux de qui ils les auront achetés.

§ 3. *Des livres facultatifs ou auxiliaires.*

On peut les diviser en trois catégories :

1° Ceux qui servent à former les articles du journal, tels sont : le livre de dépenses du ménage, le livre des ouvriers, etc.

2° Ceux qui ne sont que des extraits, des dépouillements du journal, tels sont : le grand livre, le livre de compte, de magasin, de caisse, de portefeuille, le carnet d'échéance, etc.

3° Ceux qui justifient le journal, tel que le livre des factures, etc.

Chaque commerçant peut tenir ces livres comme bon lui semble, et en tel nombre que son commerce pourra l'exiger ; ils ne sont plus indispensables pour lui (art. 8). Ils ne peuvent remplacer le livre journal, ni y suppléer ; ce dernier seul fait foi.

§ 4. *Formalités prescrites pour la tenue des livres de commerce.*

Le législateur craignant l'altération des livres de commerce prescrits, les a astreints à de certaines formalités, que l'on peut diviser en trois catégories : celles exigées avant, celles pendant, celles exigées après l'inscription des écritures.

1° Avant l'inscription des écritures, le livre doit être coté, paraphé, visé, soit par un des juges des tribunaux de commerce, soit par le maire ou un adjoint, dans la forme ordinaire (art. 11, C. com.).

2° Lorsque le commerçant inscrit les articles dans ses livres, il doit le faire sans blancs, sans renvois ni transports, sans interlignes ni ratures (art. 10). Les dénominations de poids et mesures autres que celles portées en la loi du 4 juillet 1837, sont interdites sous peine d'amende dans les registres de commerce (art. 5 de cette loi).

3° Chaque année le livre journal et le livre des inventaires seront paraphés et visés par les magistrats ci-dessus désignés.

Une loi du 20 juillet 1837 (art. 4) affranchit les livres de commerce de la formalité du timbre, autrefois exigée.

L'article 147 du Code pénal donne la sanction pénale pour l'altération ou le faux en matière de registre de commerce.

Lorsque le commerçant est convaincu de faux et est en faillite (591 C. com.), il est condamné comme banqueroutier frauduleux et puni comme tel (402-403 C. pén.). Si le commerçant n'est pas en faillite, si les altérations ne sont pas faites frauduleusement, il sera jugé selon le droit commun.

§ 5. *Du temps pendant lequel les commerçants doivent garder leurs livres.*

Les commerçants doivent garder leurs livres pendant dix ans (11 C. com.), à dater de l'époque où ils ont été clos. Pour être conséquent, le Code aurait dû aussi exiger la conservation des lettres missives qu'ils sont obligés de conserver.

Les livres qui ont plus de dix ans ont la même force que ceux qui ont dix ans.

Il semblerait, d'après l'article 2272 du Code civil, que cette conservation devient inutile, mais nous ferons observer que cet article établit la prescription d'un an pour l'action du marchand contre un particulier non marchand, mais non d'un marchand contre un autre marchand; celle-ci ne s'éteint que par la prescription de trente ans.

§ 6. *De la force probante attachée aux livres de commerce.*

Cette matière est spécialement réglée par les articles 1329, 1330-1331 du Code civil, et les articles 12 et 13 du Code de commerce.

Les livres de commerce sont des écritures privées.

Or, la loi romaine disait : *exemplo perniciosum est ut ei scripturæ credatur quâ unusquisque sibi, adnotatione propriâ, debitorem constituit. (L. 7 § 7. C. de probat.)* Et l'art. 1331 répète : Les registres et papiers domestiques ne font point un titre pour celui qui les a écrits.

Mais la bonne foi qui doit toujours se supposer, la faveur due aux transactions commerciales, la rapidité qui en est l'essence, le respect témoigné au commerce, par la loi qui punit le faux en écritures de commerce des mêmes peines que le faux en écritures authentiques, les précautions dont elle entoure la tenue des livres de commerce, ont déterminé, en faveur de ces derniers, une dérogation au principe que nous venons d'exprimer.

Cette exception devait surtout avoir lieu entre les commerçants obligés de tenir des livres qui se contrôlent réciproquement.

Le besoin de recourir aux livres de commerce peut se présenter dans trois hypothèses différentes. La contestation peut en effet s'élever :

1° Entre un commerçant demandeur et un non-commerçant défendeur ;

2° Entre un non-commerçant demandeur et un commerçant défendeur ;

3° Entre commerçant et commerçant.

1° *Un commerçant contre un non-commerçant.*

L'article 1329 du Code civil porte : que les registres des marchands (par ce mot il entend tous les commerçants) ne font point, contre les personnes non-marchandes, preuve des fournitures qui y sont portées.

Cette disposition est juste : l'autorité des livres de commerce doit être plus grande entre deux marchands dont les écritures se contrôlent réciproquement qu'entre un marchand et un particulier qui, n'ayant pas habituellement de registres, ne pouvant pas même en tenir qui fassent foi en sa faveur, ne pourrait se défendre à armes égales.

Toutefois, de graves auteurs pensaient que certaines présomptions, jointes à des livres régulièrement tenus, pouvaient autoriser le juge à regarder les livres comme un commencement de preuve et à déférer le serment au marchand demandeur.

Le Code civil admet aussi cette modification et l'article 1329 se termine par ces mots : sauf ce qui sera dit à l'égard du serment.

Ce serment qui viendra à l'appui des livres est évidemment le serment supplétoire ; car il n'y a nul besoin de livres pour faire déférer le serment décisoire (art. 1358 et suiv., C. civ.). Au contraire, la disposition de l'article 1329 s'applique parfaitement au serment supplétoire. En effet, c'est bien ici l'hypothèse de l'article 1367 : 2° la demande n'est pas totalement dénuée de preuves. Le serment fait par le commerçant de la sincérité de sa créance complétera cette preuve dont ses livres sont le commencement.

Le livre du commerçant suffira-t-il pour le faire admettre à faire la preuve testimoniale? Nous le croyons. En effet, les livres des commerçants sont bien le commencement de preuve par écrit qui autorise la preuve testimoniale. L'article 1347 n'est pas limitatif quand il appelle ainsi l'écrit émané de celui contre lequel la demande est formée ; d'autres exemples de commencement de preuve par écrit sont donnés par les articles 1335, 1336, 324 C. civ. La preuve testimoniale sera moins dangereuse que le serment qui est prêté par un demandeur ; elle offrira plus de garanties, puisqu'elle s'appuie sur des tiers désintéressés. Or, qui peut le plus, peut le moins : *non debet cui plus licet, quod minùs est non licere (L. 21, D. de reg. jur.).*

D'après les termes de l'article 1353 nous conclurons que le commerçant pourra, à l'appui de ses livres, apporter toutes les circonstances favorables, toutes les présomptions qui seront de nature à soutenir sa demande.

Enfin nous remarquons que l'article 1329 est exceptionnel, et qu'on ne doit pas en étendre la disposition à des cas autres que celui des fournitures qui y est désigné, que par conséquent le marchand ne pourra, ni invoquer ses livres, ni être admis au serment s'il se prétendait créancier à tout autre titre.

2° *Un non-commerçant contre un commerçant.*

Ici le demandeur ne se fait pas de titre à lui-même, il oppose au commerçant son propre livre. Les livres des marchands font preuve contre eux, dit l'article 1330, ils porteront donc la condamnation du commerçant, si leurs énonciations sont conformes aux prétentions du demandeur. Mais celui qui veut tirer avantage des livres du commerçant, ne peut les diviser en ce qu'ils contiennent de contraire à ses prétentions.

Les livres se tiennent par ordre chronologique, et les articles peuvent être fort éloignés les uns des autres; cependant il se peut que des opérations diverses s'enchaînent d'une manière très-étroite. Ainsi, un compte-courant, régulièrement tenu, bien que composé d'articles distincts, sera généralement considéré comme indivisible. La loi ne défend pas de prouver par tous les moyens que les différents articles n'ont entre eux aucun rapport.

Le commerçant ne peut jamais alléguer avec succès qu'il n'a pas tenu de livre-journal. Cette contravention à la loi le constituerait en mauvaise foi et le serment décisoire pourrait être déféré à son adversaire.

3° *Un commerçant contre un autre commerçant.*

Dans ce cas, aucune des deux parties n'est dans le Droit commun, il est donc réglé par le Code de commerce. L'article 12 de ce Code porte : « Les livres de commerce régulièrement tenus, peuvent être admis par le juge, pour faire preuve entre commerçants pour faits de commerce. »

La preuve par les livres n'est donc pas strictement obligatoire pour la juridiction consulaire, qui peut écarter les registres comme suspects même lorsqu'ils sont réguliers. La bonne foi et l'équité, qui sont l'âme de cette juridiction, ne permettent pas qu'on y astreigne le juge à certaines preuves légales.

L'article 12 nous indique trois conditions qui doivent se réunir pour qu'il soit applicable : 1° contestation entre commerçants; 2° pour faits de commerce; 3° livres régulièrement tenus.

Sur la première condition, tout le monde est d'accord, mais il n'en est pas de même de la seconde : suffit-il que le fait soit commercial d'un seul côté, ou doit-il l'être de part et d'autre, par exemple : une vente de vins, faite par un marchand de vins à un marchand de draps, sera-t-elle un des faits commerciaux dont les livres font preuve?

Pour tomber sous l'application de l'art. 12, nous pensons qu'il faut que le fait soit commercial de part et d'autre.

Dans l'espèce proposée, si le marchand de vins avait vendu à un rentier, nul doute que l'art. 12 ne fut plus applicable. Or, il nous semble que dans cette hypothèse le marchand de draps n'est pas plus commerçant qu'un rentier, car il n'achète pas un objet dont il fasse commerce.

En troisième lieu, les livres doivent être régulièrement tenus. L'art. 13 développe cette condition : les livres que les individus faisant le commerce sont obligés de tenir, et pour lesquels ils n'auront pas observé les formalités ci-dessus prescrites, ne pourront être représentés ni faire foi en justice, au profit de ceux qui les auront tenus.

Cette disposition ne s'applique qu'aux livres obligatoires et non aux livres facultatifs. Quelques auteurs y comprennent aussi ces derniers; mais il ne nous semble pas qu'on puisse tenir irrégulièrement des livres dont la loi n'exige ni ne règle la tenue.

Le livre irrégulier ne pourra faire preuve pour le commerçant, mais il pourra très-bien le faire contre lui. En effet, il ne peut tirer avantage de ce qu'il a violé la loi ; *nemo ex suo delicto meliorem suam conditionem facere potest* (L. 134, *de reg. jur.*).

Le commerçant ne peut pas, par les livres auxiliaires, suppléer à l'existence ni à la régularité du livre journal duquel ils tirent leur force.

Le juge peut déférer le serment pour compléter la preuve résultant des livres.

Si les livres des commerçants sont d'accord, il en résulte en général une preuve complète.

Si ces livres se contredisent, toutes choses égales d'ailleurs, le juge devra en revenir aux préceptes de la loi, et forcer le demandeur à fournir la preuve : *onus probandi incumbit ei qui dicit*. Cependant le juge peut transporter le fardeau de la preuve au défendeur, si, par exemple, l'exhibition des livres a été demandée dans une exception à une autre affaire : *reus in excipiendo fit actor, ei que incumbit onus probandi*.

Tout ceci ne s'applique qu'aux livres tenus par les parties : ceux des tiers ne peuvent être invoqués qu'à titre de renseignements.

§ 7. *De la communication et de la représentation des livres de commerce.*

La communication des livres de commerce est l'abandon, la remise de ces livres aux parties intéressées pour être feuilletés et examinés en entier.

La communication ne peut être ordonnée en justice que dans les affaires de succession, communauté, partage de société, et en cas de faillite (art. 14). En effet, la loi ne devait pas permettre qu'on pût, sous un léger prétexte, pénétrer les opérations et les secrets des commerçants.

La représentation des livres de commerce est la production de ces livres pour laisser voir seulement la partie du livre relative au différent, sans qu'on puisse prendre communication du surplus.

La représentation peut arriver soit sur la réquisition de l'une des parties, soit d'office par le juge (art. 16-17). Lorsque les livres ne se trouvent pas à proximité de la ville où siége le tribunal saisi de l'affaire, la vérification se fait par le tribunal de commerce du lieu, auquel une commission rogatoire est envoyée, ou par le juge de paix que le tribunal commet.

La représentation ne peut être demandée que pour fait commercial, et elle ne s'applique qu'aux livres obligatoires.

On peut, à titre de renseignements, invoquer les livres des tiers, mais ceux-ci ne sont pas obligés de les représenter, excepté les agents de change, les courtiers, et

FIN.

www.ingramcontent.com/pod-product-compliance
Lightning Source LLC
Chambersburg PA
CBHW060705050426
42451CB00010B/1271